U0036711

當下

上班族 40 則活在當下指引

禪

聖嚴法師

法鼓文化編輯部 選編

活在當下最美好

古代的「低頭族」，皆因埋首苦讀而低頭；現代的「低頭族」，常常一心多用，時刻離不開手機。如此長期一心多用，不清楚自己正在做什麼、想什麼，工作難免心神不定，容易出錯。

無法專心工作，是上班族常見的困擾。一則工作效率低落，造成不斷加班趕工的惡性循環；二則心思雜亂無章，不能安心工作；三則耗損心神容易失眠，影響健康。專心看似簡單，但是想要不胡思亂想，專注於當下的工作，其實並不容易。如何隨時集中精神工作呢？禪修，正能幫助人鍛鍊專注力，不論事務多寡，都能馬上收

心，回到當下，身心合一，專心做事。

　　每個人每天都只有二十四個小時，但有了禪的專注力，卻可事半功倍，提昇工作效率。活在當下是最有智慧的人，不將心思浪費於追悔往日成敗與擔憂未來禍福。禪的安定力讓人臨危不亂，專注每一個當下，步步踏實，不手忙腳亂，能像千手觀音得心應手，忙得快樂、累得歡喜。

　　以禪法鍛鍊專注力，可讓人安於工作，藉事練心，不起煩惱。聖嚴法師的四它心法──面對它、接受它、處理它、放下它，便幫助無數人度過種種難關，成為最佳的工作心法。因此，特別將聖嚴法師著作中的經典開示整理成書，提供上班族培養專注力、活在當下的實用禪法。

　　祝福大家都能工作就是專心工作，休息就是專心休息，體驗活在當下最美好。

── 法鼓文化編輯部

目錄

編者序｜活在當下最美好 002

馬上體驗｜吃飯禪 008

01 什麼是現在觀？ 014

02 禪為什麼是一心無二用？ 017

03 享受人生，珍惜人生 021

04 工作如何不手忙腳亂？ 025

05 如何讓身心合一？ 028

06 如何不胡思亂想？ 032

07 如何不變成無頭蒼蠅？ 036

08 為何說工作好修行？ 039

09 如何鍛鍊集中心？ 043

10 解決問題的不二法門 047

11 如何化解當下的情緒？ 050

12 禪修為何能提高學習效率？ 055

13 步步踏著 058

14 當下的問題當下處理 061

15 專心為何可使人工作平安？ 064

16 不要隨意換跑道 067

17 人生如何不再三心二意？ 070

18 如何珍惜當下的時間？ 074

19 當機立斷止息煩惱 078

20 回到零缺點的方法 082

21 如何專心工作而不緊張？ ⋯⋯⋯⋯ 085

22 飢來吃飯睏來眠 ⋯⋯⋯⋯ 088

23 做事如何不身心分離？ ⋯⋯⋯⋯ 091

24 如何知道心散不散亂？ ⋯⋯⋯⋯ 093

25 一樣的工作，不一樣的心 ⋯⋯⋯⋯ 098

26 做事如何不會三分鐘熱度？ ⋯⋯⋯⋯ 101

27 如何專心做好本分事？ ⋯⋯⋯⋯ 105

28 如何把握當下，自我安頓？ ⋯⋯⋯⋯ 109

29 專心才能活用時間 ⋯⋯⋯⋯ 112

30 如何馬上處理危機？ ⋯⋯⋯⋯ 116

31 活在現在，佛在現在 120

32 吃粥、洗缽就能馬上開悟？ 124

33 如何與當下合一？ 127

34 可同時做很多事嗎？ 130

35 如何在工作中鍊心？ 134

36 不住於過去、未來、現在 138

37 如何腳踏實地做生涯規畫？ 142

38 每一個當下都是新的開始 145

39 如何把心看住？ 149

40 注意你腳下 154

附錄｜法鼓山禪修資訊 158

馬上體驗 | # 吃飯禪

 練習前的小叮嚀

1. 上班族常常因為工作忙碌,總是輕忽吃飯這件事,
   但是,吃飯是生活中很重要的一件事,吃飯也是一種
   食療,因此,特別設計了「吃飯禪」,讓大家在閱讀
   本書前,先以禪法體驗專注力,感受活在當下的感覺
   與好處。

2. 專注引導除了可以應用於三餐,平常喝水或吃點心
   時,也可以應用。將心從紛亂的生活裡,帶回當下的
   動作上,身在哪裡,心就在那裡,讓身心合一。

✺ 專注的要領

想想看，你有多久沒有細細咀嚼、品味飯菜的香甜了？

生活腳步匆忙的現代人，往往在吃飯時，不是心不在焉，一邊吃飯、一邊聊天或是看電視，就是匆匆忙忙、囫圇吞棗地趕著用餐，所以常常是食不知味，長期下來，容易導致腸胃不適。

想要吃出健康、吃出味道，可以嘗試練習放鬆並專注地吃飯，享受吃飯的當下。吃飯時就是專心吃飯，不要一邊吃飯、一邊想事情，以免頭腦緊張思考，影響胃腸消化和吸收。放鬆並專心地吃飯，才能吃得津津有味。

✺ 專注的步驟

首先，吃飯時，身體要坐正，坐姿不正，將使得胃腸消化不良。

接著，放鬆身心，放鬆頭腦，放鬆全身的肌肉，讓心情保持愉快。

夾菜的原則為：「手動，清楚手的動作；口動，清楚口的動作。」慢慢欣賞吃飯的動作，體驗細嚼慢嚥的過程。

咀嚼時，要專心體驗身體與食物互動的關係。

清楚夾菜的動作，清楚手移動的感覺，清楚將食物輕輕放入口中的感覺。

清楚牙齒咬合、咀嚼，食物與舌頭配合的動作和感覺。清楚飯菜經過咀嚼後，由塊狀、顆粒、變碎，慢慢嚼碎的過程。在咀嚼時，清楚體驗咀嚼的力道是輕的或重的而做適當的調整。清楚食物吞嚥到食道、胃裡的感覺，感覺身體是放鬆愉快的。

身體放鬆，清楚每一個動作與感覺。享受

全身放鬆的感覺。

　　用餐結束後，用心感恩所有讓我們能專心用餐的因緣，以及所有提供我們美好一餐的人、事、物，以感恩的心，結束美好的一餐。

　　　　　　　　　　──法鼓山禪修中心 提供

當下禪

Present

01
CHAPTER

什麼是現在觀？

　　我常常告訴我的弟子和學生們要有「現在觀」，觀我們現在所處的這個時間。既然你處在現在這個時間，就不要憂慮未來會發生什麼。如果你老是在憂慮未來，就會把現在的時間都浪費掉了，這不是很可惜嗎？

❀ 掌握現在、運用現在

　　就好像古人說的：「百鳥在樹，不如一鳥在手。」意思是：假如你現在有一隻鳥在手上，就不要擔心該怎麼讓樹林裡另外的一百隻鳥，都飛到你手上來，你只要把手上的這一隻鳥照顧好

就好了。如果你能照顧好手上的這隻鳥，或許樹上其他的鳥也會飛來。可是如果你老是擔心手上只有一隻，希望一百隻鳥能通通到手，便放棄眼前的這一隻，而跑去抓另外一百隻，結果不但那一百隻會飛掉，連自己手上這隻也會不見了。

所以，你最好是掌握現在、運用現在，從現在這個立足點，一步一步踏實地往前走。人要進步、要往前走，需要立足點和方向感不斷地互相配合，方向是一定不能變的，但是立足點則可改變；如果立足點不能改變的話，你將不能前進。雖然你現在這一腳踩下去是穩固的，還是要很清楚你當下這一步的狀態是什麼，然後才能再踩出第二步，這就是「步步為營」的一種作法。

❈ 不要擔心未來

如果你能掌握這個作法，那麼無論未來發

生什麼事情，你都會有臨機應變的能力；否則，你老是在擔心著未來，那你會連現在的這一步都踩不穩，這就是「落空」，是很危險的事。

我們要活在當下，也就是要活得很認真、很踏實。你現在在做什麼就專心去做，如果你在講話就專心講話，不要三心二意地想其他的事。比方我在接受採訪時，如果心裡胡思亂想，那就會變得語無倫次，當下就出問題。

如果能認真、踏實而用心地生活，那就是活在當下，這是最好的修行，也是克服憂慮和疑慮最好的方法。

——
選自《放下的幸福》

02

CHAPTER

禪為什麼是
一心無二用？

　　我曾經在日本電視上看奧運轉播，一場游泳比賽裡，有位俄國選手是世界紀錄的保持者，在他的隔壁水道是位日本選手。抵達終點的時候，以一秒之差，這位日本選手竟然贏了俄國選手，成為新的世界泳王。後來日本電視台訪問這位日本選手：「你知道，上次的世界冠軍就在你的隔壁水道嗎？」

　　這位日本選手回答：「我不知道在我旁邊的選手是誰，我沒有注意。如果我分心注意旁邊的事物，我大概會慢個兩三秒才到終點吧！我只知道全力以赴，拚了全力在水中前進，隔壁水道

是誰，我並不在乎。」

　　這好比是人生過程，有人常是人比人氣死人；或者擔心別人表現得比自己好，所以要更努力，比別人好。但是這樣的「擔心」，使他們的努力打了折扣。自卑、嫉妒、憂慮、患得患失，都變成了人要往前進時的阻礙。如果心中有罣礙，要變成第一也難。

❀ 放下當下的自我中心

　　所謂「禪」，就是放下當下的自我中心。自我並不重要，重要的是活下去。實實在在地活下去，一步一腳印地走，不是猶猶豫豫地東張西望；也不是沒有目標地亂走，而是認定一個方向，放下自我與利害得失，努力衝刺。

　　許多人注意王建民的每一場比賽，每一次投球，大家都對他有很高的期待。我們可以期待

他每一場都勝投，不斷創造新的紀錄，但是他自己不能有這樣的期待。如果每次投球都擔心結果，反而容易失誤。

有位哥倫比亞大學教授說，她高中騎單車，在小路上遠遠來了位孕婦。她心想千萬別撞到孕婦，心裡一緊張，偏偏就真的撞上了。她告訴我：「在那當下，騎車就騎車，千萬不能想太多。這好像也是禪呢！」

❀ 小心而不擔心

禪是一心無二用的，當下該做什麼就全心去做，不偷懶，也不擔心，可以做到什麼程度就做到什麼程度。大家在生活、工作中，也是如此，做好當下的事，小心而不擔心，才能從容自在。

|禪
一
下 | 生活就是生活，
什麼時候該做什麼事就做什麼事。
體驗生活，享受生活，
認真的生活，
是很重要的。|

享受人生，
珍惜人生

　　許多人認為享受人生就是吃、喝、玩、樂，如果真的是這樣，那麼所有的動物也都會吃、喝、玩、樂，那人不就跟動物一樣了嗎？那不叫作享受「人生」，而是享受「動物的生命」，糟蹋人生。

　　人的生命過程只有短短幾十年，如果把一天二十四小時分成三等分，每天工作八小時、生活八小時、睡覺八小時，生命之中真正能運用的時間其實是不多的，甚至可以說是太少了。就算活到一百歲，也有一半以上的時間花在睡覺、吃飯上。

✿ 真正懂得享受人生的人

　　吃、喝、玩、樂是動物的本能，雖然人也是動物，但人不僅僅是動物，還有身而為人的責任和義務，應該要好好把握和珍惜我們短暫的人生。因此，懂得把握我們所擁有的時間、環境條件，好好地運用它，發揮最高效用，那才是真正懂得享受人生的人。

　　但是對於一些只顧眼前利益的人，我們又會覺得：「這個人好現實喔！」

　　對他有利益的事，才會幫忙，對他沒有利益，或跟他沒有關係，他就不參與、不幫忙，那是由於對方過於自私、短視。

　　如果能把心量放大，觀念轉變一下，以眾人的利益為考量點，把現實轉成「實際」。珍惜現在，珍惜當下的生命，珍惜所有的時間，珍惜自己的環境，為增進社會大眾的福祉而努力，這

樣的「現實」是不壞的。

可惜我們很多人是在憂慮、悔恨和驕傲之中過日子；或是活在幻想和回憶之中，沉醉在過去的豐功偉業中，緬懷自己曾經如何如何，做過什麼事，在什麼地方得意過。也有的人將生命的重心完全寄託在孩子身上，期待孩子有成就，以便炫耀自己的孩子怎麼聰明、怎麼伶俐。

人和人之間談論的往往也就是這些。成天和朋友東拉西扯，當面談不夠，還又繼續打電話談，一天的生活往往就這麼過去了。這究竟是享受人生，還是糟蹋人生呢？

❀ 盡到做人的責任

我們何不利用這個時間來與人為善、做義工、為社會服務、對人群關懷？那麼，我們不僅盡到做人的責任，也不會把時間浪費掉了。

但是珍惜時間並不等於拚命工作，而是需要完成工作的時候就全力以赴，該用頭腦思考的時候就用心規畫，需要休息的時候還是要休息，該放鬆時就放鬆，恰到好處地安排好。

　　祝福大家享受您的人生。享受人生就要珍惜人生，珍惜當下，每一秒鐘都不要浪費。因為人生苦短，每一秒鐘都是可貴的。社會整體的資源是由我們每一個人的資源累積出來的，我們每個人掌握現在、珍惜現在，就可以增加很多的資源，無形中也就為社會累積了無數的資源。

選自《找回自己》

| 禪一下 | 一定要把自己的身心全部投入當下，
你當下所做、所想的那個方法，
就是禪，
禪的入門就是從這裡開始。 |

04

工作如何
不手忙腳亂？

　　人不可能離開工作，而且愈是有理想，愈
是對生活抱持積極態度的人，工作愈是做不完。
但是，你還要有本事活得很愉快，否則，這個人
需要你照顧、那個人需要你關懷；這件事要馬上
處理、那件事也要在時限之內完成，你就會手忙
腳亂，過得非常緊張。

❀ 分出輕重緩急
　　我們可以選擇不要被工作驅使，做任何事
情前都要分出輕重緩急、大小內外，先處理好近
的、急的、重要的，然後再做其他的事情。雖然

目標要遠大，可是開始動手的時候，要由近處、小處著手，想要把千頭萬緒在同一個時間內理清，這只是貪念罷了。

以讀書為例，我每天要讀的書很多，除了佛學的書之外，古代的書、現代的書、中文、外文，要看的實在太多了，這輩子大概是讀不完了，怎麼辦呢？急著要看，馬上非看不可的，我就先看，看的方法也有不同，有的只是走馬看花看過一遍，有的就必須要詳細地看，端視情況調整。

❀ 一樣一樣地完成

吃東西的時候也是一樣，看到好吃的東西，大部分的人會想要每樣都嘗一下，這時就要有自制能力，看一看、想一想，哪一樣東西最適合我們吃的就先吃，哪一樣東西只是想吃，但不一定

需要吃，就暫時不吃，如此一來，心情就緩和下來了。

一個人只有兩個眼睛、兩個耳朵、兩隻手、兩隻腳，想要同時完成許多工作是不可能的，因此，一定要按部就班，有次序地安排好、計畫好，一樣一樣地完成，如果能夠這麼做，你的心裡就不會著急，工作速度一定很快，卻又能保持從容不迫的心情。

———
選自《工作好修行》

禪一下	面對它：正視困境的存在。 接受它：接受困境的事實。 處理它：以悲智處理困境。 放下它：處理後心無牽掛。

如何讓身心合一？

身體在哪裡，心就在那裡；身體在做什麼，心就在做什麼；手在做什麼，腳在哪裡，你的心就在那裡——身心不可分離，身心一致。例如：

1. 在廚房中燒水、挑水、揀菜、切菜、洗菜，心就放在動作上，心中不起其他念頭。

2. 如果在炒菜，手在動，心也要專心地在炒菜，頭腦裡沒有其他的雜念。

3. 如果餵小孩食物、飲料，則一心一意地只想到餵小孩牛乳等食品，而沒有其他的念頭。自己的頭腦非常地清楚、輕鬆、愉快。

❉ 清楚知道自己在做什麼

先計畫知道要做什麼，如果已經計畫好的事情，在做的時候就不需用頭腦想了，特別是在平常生活之中，有些是經常性的動作，譬如：漱口、刷牙、刮鬍子、洗臉、穿衣服等動作，不知做過多少次了，就不必用腦思考。但是要思考的事就必須思考，若不需思考之事則不必用腦想了再做。

往往有些慣性的動作，不需加以思考，一般人就胡思亂想地想其他的事。其實根本不用亂想，只要很清楚地知道自己在做什麼。譬如：掃地時，一掃把、一掃把地掃，而且掃得很清楚，洗碗筷、吃飯等都應如此。

❉ 一心一意做工作

但是，第一次做的動作或處理事情，或者

是對動作及事情根本不熟悉，首先必須思考，然後再想一想怎麼做。正在做的時候，如果不清楚時，還是要想。這樣就不會動妄念，而且是一心一意地在做工作。

例如：一位母親剪了一株花拿在手上，思考著如何將花插在什麼位置較適宜，然後再小心翼翼地插好，在此過程中就是心無二念，不是在打妄念。反之，如果對剪花、插花的動作太習慣，結果手上拿了花，心裡卻在想著：「小孩在那邊做什麼？嗯！奇怪呀！為什麼他那麼安靜，到底他在幹什麼？咦！小孩在動了，他走路的聲音為什麼那麼地響呢？」

請問這是不是妄念呢？是妄念。所以做任何一件事，均應將心放在那件事情上，心為那件事在做，就是正念而非妄念。

因此，要經常保持身體的動作和心的念頭

在合一的狀態。

選自《禪的世界》

禪一下

若能讓心穩定於方法之上，
或專注於某一動作、
某一項工作之上，
便可忘掉身體的存在及身體的負擔。

如何不胡思亂想？

我正在說話，一句接一句地講給你們聽，結果我腦中卻又在想另外一件事，請問我是不是會語無倫次？當然會，因為口說心想，根本是兩回事。如果正在講這一句話，結果心裡在想剛才講的第一句、第二句話，這也就是在胡思亂想。

✿ 心口一致

因此，說一句話就是這一句話，說什麼事，就是什麼事，很清楚地知道自己在說什麼；講完一句，下一句話自然出來，不過在講話以前，先考慮要說些什麼，不是想講什麼就隨便脫口而

出，那就變成胡說八道，根本不知道自己在講什麼；或許也沒什麼話可講，就是想用嘴巴不停地講，這就是妄想，不是心口一致。

心口一致必然知道自己要講什麼？表達出來以後也是清清楚楚的，這是修行人對自己身體的動作、語言的行為，都了解得清清楚楚，如此就不會做錯事、說錯話了。

✸ 心眼一如

胡思亂想的人可從其眼神窺見，因為眼神飄忽不定，心中無主。不知看什麼，表面上好像什麼都看，事實上沒有集中焦點的對象，更不明白自己的眼睛為什麼要看，就是不知道將眼睛定在何處，只是腦中的思想不斷地動，所以眼神也似幽浮般地飄動。因此之故，可從人的眼神中，觀察出此人是否思想集中、穩定。

在日常生活之中，要對自己的任何一個動作全部負責，也就是「一步一個坑」，腳踏實地，步步為營。走路步步為營，講話也是步步為營，任何動作都該步步為營。不是雜亂無章，不是東一鎯頭西一鎚，而是要身心合一、心口合一。

　　少一些妄想，加一點正念，則智慧日增，可開慧眼。慧眼開了，必然是煩惱和困擾的消除。唯有心得穩定，才能減少煩惱。唯有練習身心合一、心口一致，則心中的煩惱必然日減。當外在的境界擾亂時，你只要注意自己心裡在想什麼？眼睛在看什麼？耳朵在聽什麼？如此，注意觀看、聽聞等，煩惱就不存在，結果是該聽的聽到，該看的也看到。

　　譬如：對方打來一拳，如果注意對方打出來的動作以及自己被打的感覺，那麼心裡就不會起煩惱。如果聽到別人罵你，清清楚楚地聽到聲

音在罵，也知道自己是被罵的人，這時心中沒有煩惱。但是如果你心中起了波浪——我為什麼被罵？他為什麼打我？如此想的話，煩惱一定會展現出來，因為注意對方的緣故。反之，清清楚楚地注意自己的心念，則煩惱必定不存在。

——
選自《禪的世界》

禪一下 | 我們應該上課的時候專心上課，
吃飯的時候專心吃飯，
睡覺的時候專心睡覺，
做任何事都要把心專注其上。

07

CHAPTER

如何不變成
無頭蒼蠅？

　　禪的修行者時時刻刻都在生活之中，而生活中的一言一行都是修行，他必須留心，把注意力落實在生活的每一個點上，這是基本的要求。當你的日常生活有條不紊，很清楚地知道自己在做什麼，而不是像無頭蒼蠅似地瞎飛亂撞，你才能進入禪的修行工夫之中。

❀ 心不在焉秩序大亂

　　這和參公案、參話頭，有點不同。在參公案話頭時，是希望知道手指以外的月亮在哪裡？這月亮又是什麼樣子？也就是經常專注在一個問

題或一個念頭上。但日常生活中，你卻不能使自己像一隻伶俐的猴子那樣，對什麼事都感到很好奇。看到鐘在轉，就把它打開看看，裡面是什麼東西在轉？聽到唱機在歌唱，也把它拆毀了，看看裡面的人藏在何處？整天這麼胡思亂想、東衝西撞，這不是參話頭，也根本不能修行，甚至使得你日常生活的秩序大亂。這時你走路可能會撞到汽車，吃東西會把食物塞到鼻孔裡，因為你心不在焉。

❀ 鍛鍊自己的專注力

而我們在平常的生活，就是要鍛鍊自己，攝心專注在每一件所做的事上，把它認真盡責地做好。這可以使我們從生活之中，體悟出一番道理，再將它應用到以後的生活之中。當身心經過這樣的訓練之後，就能處理日常中的一切問題，

安然通過一切順逆境遇的考驗，使生活充滿著智慧和愉快，不僅自利又能利他。

——

選自《禪的生活》

| 禪一下 | 處處無住處處住，
何處不是安心處。
但願大家不要老像無頭的蒼蠅，
只知狂飛亂竄，
須知歇下狂心，當下即是。 |

08
CHAPTER

為何說
工作好修行？

　　一般人對修行的認知、想像，大概只停留在打坐、念經、拜佛、閉關、打禪七等行門的修持，這其實只說對了一半。佛法講的修行是要修正和調整我們身、口、意三種行為。也就是說把我們身體的、語言的、心理的三種行為，修改一下、修正一下，這就是修行。

❀ 幫助人就是一種修行

　　修行最要緊的就是隨時隨地保持念頭的清淨，不要存有壞念頭，也不要做壞事、說壞話。它有兩個路徑，一個是修慧，一個是修福。自己

煩惱的減少或消解，叫作修慧。誦經、拜佛、懺悔、打坐、拜懺等方法，都可以用來反省自己、改善自己內在的觀念和習氣，以及內在的煩惱，幫助我們增長智慧。

修慧的同時還要修福，就是多幫助其他眾生，其他的眾生是誰呢？就是跟我們在一起生活、工作，跟我們共處在一個大環境之中的人。但是該如何幫助他們呢？用頭腦、體能、時間、財力都可以，幫助人就是一種修行，修的是福報、功德，這種功德可以幫助很多人從貧病苦難之中得到平安、得到快樂、得到幸福。

如果以這個標準或定義來理解修行，其實我們在工作中就可以修行。有句話說：「身在公門好修行。」為什麼一個人在公家機關，或是做政務官的時候，是最好的修行時機？因為這是修善、積福、積德的大好機會，如果在法令上、政

策上、執行上的方針能夠多動一下頭腦、多說一句恰當的話，就能夠使千萬人得到利益，那就是修行了。

❀ 全心全意地投入

對一般人來說，在自己的工作崗位上認真負責，工作就是工作，不要一邊工作一邊埋怨、發牢騷，或是一邊指桑罵槐很不滿意，這樣就是敬業、就是修行。反之，如果懈怠草率，做任何事都覺得懶洋洋的，就不是修行了。這與中國人工作的時候講求敬業樂群，跟大家在一起的時候講求同舟共濟是相同的。因此，修行的基本觀念，就是全心全意地投入。

有一次我在日本，有個信眾煮菜給我吃，她說自己是以修行的心煮這道菜，用來供養法師。我聽得滿心歡喜，我告訴她：「這個菜裡面，已

經具足了誠懇心、菩提心、恭敬心、供養心，這確實是修行。」

我們做任何事時，如果都投以全心的真誠，那就是修行，修行與工作原來就是不相牴觸的。當然，我們也可以利用工作之餘，做比較專門的、持續的修行，工作中與工作外的修行應該是相輔相成的。

———

選自《工作好修行》

> 禪一下
>
> 身體在哪裡，心就守在那裡，
> 不要分開。
> 你的身、心和工作的地方
> 及工作的項目是一致的，
> 這也叫盡心盡力、全心投注，
> 這確實是修行定的一種方式和方法。

如何鍛鍊集中心？

　　心不聽指揮，所以是雜亂無章的。因此，我們要用方法，使得心能夠統一起來，集中起來，發揮它最大的效用。也因此，從佛陀開始，就教行者應用種種不同的方法來鍊心。

❀ 把「心」放在同一件事上

　　在佛陀時代，有一位笨弟子，他的名字叫愚路或小路，各位可參看拙作《聖者的故事》。愚路很笨，因為他的心無法集中，非常地散亂，他沒有辦法記住任何完整的一句話。教他一首偈，他不是念了上句忘了下句，就是念了下句而將上

句忘了。在寺院附近放牛、牧羊的小孩，都因聽他背誦而把偈子背熟了，可憐的愚路卻連一句也記不住。後來，佛陀就教他念兩個字「掃帚」，然而，他依舊是念了「掃」就忘了「帚」，記住「帚」卻把「掃」忘掉。於是，佛陀就教他替僧團大眾擦鞋，並且告訴他念兩句話：「我拂塵，我除垢。」佛問他：「懂不懂呢？」他說：「懂了。」於是，他就天天擦鞋子，並且邊擦邊念：「我拂塵，我除垢。」後來，他突然明白了塵垢有內外之分，佛陀教他拂除的是內在的煩惱塵垢，是貪欲、瞋恚、邪見的塵垢。就這樣，他便斷除煩惱，而證了阿羅漢果。因為他整天替人擦鞋子，將身心都投注在「我拂塵，我除垢」的方法上，這就是「制心」，也就是把「心」放在同一件事上、同一觀念上，繼續不斷地做下去，這是禪法的源頭。

所以，禪宗的修行不一定要打坐，《六祖壇經》說：「道由心悟，豈在坐也？」因此，打坐不一定是禪宗的禪，倒是吃飯、睡覺、屙屎、撒尿等的日常生活，是禪門修行的方法。

❀ 一心一意

在日常生活中，走路時，就一心一意地走，睡覺時，就一心一意地睡，做任何事都是一心一意地做。諸位，現在你們就應該一心一意地聽講，如果你聽講時，一邊用耳朵聽，另一邊卻因我的話而想到別的事，比如剛剛提到擦鞋子，結果你們心裡想，佛要擦鞋子，那時代的出家人穿的是什麼鞋？而那位笨弟子究竟是擦草鞋呢？還是布鞋？或是什麼鞋？但奇怪呀！如果是草鞋，那根本不需要擦，而布鞋也無從擦起。嗯！那個時候，大概已經有人穿皮鞋了，可是，出家人又

怎能穿皮鞋呢？如此這般地妄念繼續不斷地閃過，就不是專心聽講了。

有些聰明人頭腦轉得很快，聽到一句話，或一個問題，就可以轉幾個念頭且一直轉下去。這種因為別人的一句話就聯想到一大串別的事情上去，並不是「制心」，而是散心、亂心。要心無二用、心無旁騖，心裡沒有其他的念頭，才是「制心」。

——
選自《拈花微笑》

禪一下

只要是情緒都是不好的，
所以我們面對情緒，
只看念頭而不管它的好壞，
或是怎麼生起的，
當下就停止念頭。

10
CHAPTER

解決問題的
不二法門

工作上遇到逆境的時候，第一個要想：這原本就是在我的預料之中，我早就知道一定會有困難，只是不知道是什麼困難而已。接著就要想辦法解決眼前的逆境。

首先，當然是運用自己的智慧，如果自己的能力不足，就要找專業的人，或是比自己更高明的人幫忙，或是幾個人一起討論，因為單獨一個人的思慮比較難以面面俱到，若是兩個人、三個人一起討論，很可能三個臭皮匠，勝過一個諸葛亮，就把問題處理好了。所以，心情鎮定地面對問題而不慌張，並適當地求援，是解決問題的

不二法門。

❋ 居安思危

很多人覺得順境很好，其實人在順境的時候，難免志得意滿，常常會埋下失敗的種子。因此我們要居安思危，時時刻刻要謙虛、謹慎，不能趾高氣揚、傲慢、自以為是。因為任何事情的成功順利，都不完全只靠自己，所謂時勢造英雄，這和時代背景有關，和當時的大環境有關，也和當時你所結交的人、相處的人有關係。

❋ 隨時隨地都有新可能

雖然這當中也有自己的一份力量在裡面，有的人會認為是自己運氣好、自己的能力強，那也沒有錯。運氣好才能遇到好的因緣，可是運氣不會老是跟著自己走，好運一樣會離開。所以當

有好運的時候要小心，就像是爬山爬到最高峰的時候，別只顧著洋洋得意，否則不小心掉下山谷可就麻煩了。

到了高峰，要知道接下來是會下坡的；下坡之後，另外一個高峰還會起來。人生的過程就像山峰起伏，處順境的時候不可以驕傲，處逆境的時候不需要灰心。我們必須要記住，隨時隨地都會有新的可能發生。

———
選自《工作好修行》

| 禪一下 | 懂得佛法所說「無常」意義的人，是有智慧的人。在苦難當頭時，不會灰心、失望、氣餒；反之，即使處在如日中天的高峰狀態，也不會得意忘形，反而會產生居安思危之警惕心。 |

如何化解
當下的情緒？

　　所謂「老僧入定」，是指在定中不會有情
緒，但是在平常生活裡可能還是會有情緒，不過
這個情緒不會浮動。一個有修行的老僧，在情緒
還沒有浮動之前，他心裡已經有感覺了，當有了
感覺，他會用方法不讓情緒浮動。

　　事情不公平也好、公平也好，無論怎麼刺
激，修行的高僧會用方法與觀念來轉變、調整自
己。因此從表面上看，老僧爐火純青，是看不出
情緒的。

　　但他們有沒有情緒呢？可能還是有，但是
情緒已經不會傷害自己，也不會傷害他人，不會

脫口罵人，也不會動不動就表現出憤怒的模樣，這種應該就是有修養的人。

但是，有時在必要的時候，老僧也必須表現出憤怒相，可是當下他的內心並沒有憤怒，目的只是為了使眾生的情緒能夠冷靜，愚癡能夠開朗，就是所謂「當頭棒喝」。這有可能是一種方便法，他的內心不會有情緒。我也看過有這種老僧，罵徒弟罵得好凶，轉過臉來卻是慈祥的，一點也沒有生氣，這就是他的一種表現方式，並不一定是內心有什麼大的情緒。

❋ 讓心安靜下來

要安撫自己的情緒很不容易，如果情緒已經升起，要再設法安撫下來是相當困難的。這時候，只有想辦法趕快脫離使自己產生情緒的環境，遠離不舒服的狀況，讓心安靜下來，保持頭

腦冷靜，慢慢地情緒就會穩定下來。如果不趕快迴避，就不容易按捺住已升起的情緒。

面對不同於平常的狀況，如果會使自己痛苦、興奮或是忿怒，此時最好的方式就是遠離當下的情況。若與人發生爭執，正在氣頭上的雙方都覺得自己有理而繼續爭吵，此時勸架的人無論如何得要拉開雙方，讓彼此聽不到叫罵聲、看不到表情，等雙方都冷靜下來，情緒就安定了。

所以，衝突發生的時候，最好有第三者來勸一勸，如果自己有智慧，不妨先道歉，說聲：「對不起，我相信你有理，不過我也有點不高興，現在我們都在生氣，有理也說不清，能不能等一會兒彼此冷靜下來之後，大家再好好談。」如果能這樣處理問題，會比較好。

對於情緒，最好能夠化解、融化，我們講消融情緒，而不要控制情緒。

☀ 不要控制情緒

控制情緒是指有情緒卻不讓它發出來，拚命地撐住，撐久了就會爆炸，爆炸的時候可能發瘋、發狂，發生傷害自己也傷害他人的事。這就好像鍋子裡面裝滿了水，在下面加熱讓整鍋水沸騰，上面卻還用蓋子緊緊蓋起來，這樣不讓熱氣散發出來，鍋爐可能會爆炸。所以，一定要採用疏導的方式，讓它有發洩的地方。

而消融情緒的方法有二種，一是發洩情緒，另一是疏導情緒。疏導是讓情緒有個柔和的出口，而這個出口是用來化解情緒，並不是讓情緒爆發出來。

至於怎麼化解呢？我經常告訴大家，不要只是眼睛老是看著、耳朵老是聽著、心裡老是想著，而要趕快脫離讓自己產生情緒的情境，然後藉由念佛、數息或打坐、拜佛來分散、移開自己

的注意力。這樣就是在化解情緒，而不是控制情緒。

選自《覺情書》

| 禪一下 | 當問題來了，不要用脾氣來解決，
而是要用理性來解決，
以這樣的方式訓練自己、幫助自己，
讓自己安靜下來，
就可以把事情處理得更加圓滿。 |

禪修為何能提高學習效率？

當我們學習一樣東西時，如果心力不能專一，注意力不能集中，則對所有的見聞覺知，都不可能在記憶中留下清晰的印象，學習效果不會很好。

❀ 不要東想西想

例如：一張攝影用的底片，照第二次則出現畫面重疊，照第三次即可能變成畢卡索的抽象畫了。又如黑板，若已寫了字在上面，重疊塗寫便很難辨認其內容了；若把黑板先擦乾淨，不留任何痕跡，再把聽到的、看到的寫上黑板，就很

清楚了。我們學習任何東西時也是一樣，學習前或正在學習時，要先把頭腦裡清理清楚，不要東想西想，只是注意地聽、注意地學，記憶力一定增強，理解力也會快速。所以禪修可以幫助大家提高學習的效率。

禪的修行方法和觀念，可以使我們的心安定下來，便不會受了環境的影響而迷失自己，因此可以接受到更多、更真實的消息。我們也談到了禪法的修行不是一蹴即成的，需要付出耐心來練習。如果僅僅為了增進我們的學習能力與效率，打坐及參禪是最好的方法，至少也應該練習著隨時讓你的頭腦休息。

❀ 練習放鬆

一般人由於身心緊張，所以影響到學習的能力和效率，應當常常練習放鬆頭腦，放鬆全身

的肌肉和神經，讓身心獲得充分的休息。有時由於血液循環有問題，指揮全身放鬆而無法放鬆時，則應輔以輕柔的運動，身心自然健康，學習能力自然增長。

——
選自《禪的世界》

禪一下

剛開始學禪的人，
若能在做任何事的任何情況，
能心無二用，
不起雜念的把注意力集中的話，
雖不能即入禪定，
也可使你的工作效率提高，
生活得充實和穩定了。

步步踏著

問：有位和尚問法眼文益禪師在一整天的生活中
如何修行，禪師答：「步步踏著。」這句話很平
實、很平凡，也很平淡，跟其他驚世駭俗的禪語
比起來，幾乎不會引起任何人的注意。但是它對
修行人也好，對普通人也好，應該是非常有用
的。請師父為我們開示。

答：這句話的確非常平實，可見禪宗並不是只說
一些古怪的話。「步步踏著」實際上跟「一切現
成」是類似的。有人認為修行一定要躲到山裡
去，把兩條腿盤起來，把身體坐得直直的，把世

事都擺下，才叫修行。其實從禪宗的角度來看，那只能叫作休息，不見得是修行。雖然盤腿打坐可以鍊心，但若坐在那兒打瞌睡或打妄想，那叫什麼修行？

🌼 一步一步往前走

禪宗所講的修行是日常生活中的每一個時間都要很穩定、很清楚地知道自己在做什麼。走路時就是一步一步往前走，腳下踩得很實在，同時也知道自己是在一步一步往前走，心無二念；這就是最好的修行。

同樣地，吃飯時每一口都咬著，挖土時每一鋤都掘著，上課時每一句都聽著，與人談話時專注地對談、發問、解答，而不是天南地北問東答西；這也都是修行。

所以，「步步踏著」這句話如果用於日常

生活，可以節省很多時間，並能提高工作效率和
品質，也會使人覺得你是非常真誠而實在的人。

———

選自《聖嚴說禪》

> **禪一下**
>
> 如果我們的心平常就保持平穩集中
> 而不散漫，
> 那麼我們的行為就可以影響他人，
> 轉變環境。
> 若先將自己的心念變得柔軟安定，
> 也能協助他人的心安定下來。

當下的問題
當下處理

　　有次我在安和分院和一位居士談話，說著說著，只聽到她「啊！」的一聲，正好打了我一個耳光。因為我一邊說話一邊往前走，沒料到她的手會突然抬起，就正好被她打到。她手上還戴了個戒指，剛好劃在我臉上，熱辣辣地痛，真不是味道。

　　這位太太發現自己劃傷了我，非常不好意思，一直向我道歉說：「師父！我真是罪過，對不起！」我說：「妳沒有問題，是我自己的臉正好湊上去。」能這樣想，雖然臉還是很痛，但心裡就不會起煩惱；如果心裡老是想：「這位太太

真是的！我問候她，她還打我！」或者「我今天
真倒楣！什麼業障？竟然被她打了一下。」那麼
煩惱就會愈積愈深。

❀ 不要因為不舒服就起煩惱

環境會給我們帶來不舒服，但我們不要因
為環境的不舒服就起煩惱，要用智慧來化解。所
謂智慧並不是說要懂得三藏十二部經典，而是要
有轉化煩惱的巧妙方便。所以，有智慧的人在任
何狀況下都不會有煩惱。

昨天晚上，有位藝術家來見我，她問我說：
「法師，您大概永遠都不會生氣吧！」我說：
「我又不是聖人，生氣的時候照樣地氣。不過我
生氣的時候，會用方法來化解，當下的問題，當
下就處理掉。」

像剛才那個例子，我就不會扯到前生或是

業障上面去，而是當下用智慧把問題化解，不留下痕跡，這就是「智慧不起煩惱」。

❀ 智慧不起煩惱

如果常常緊張得生氣、緊張得煩惱，緊張得折磨自己，這是「愚癡」。要隨時隨地運用智慧，所謂「慈悲沒有敵人，智慧不起煩惱」，對自己用智慧、對他人用慈悲；但慈悲也要有智慧，沒有智慧的慈悲，反而會變成營私結黨、狐群狗黨了。

———
選自《法鼓家風》

| 禪一下 | 不存得失心，
而且能對當前的事實和現實
做出該做的反應，
是有智慧的人。 |

15
CHAPTER

專心為何可使人工作平安？

　　如果只知埋頭苦幹，沒有共同的理念或大方向，工作一忙的時候，內心就不那麼踏實、不那麼舒服，安全係數也會降低許多。很多意外就是因為心浮氣躁所產生，如果能夠心平氣和，就可以按部就班，不但做事品質會比較好，身心也會比較平安。

　　還有一種現象也容易肇事，那就是工作態度馬馬虎虎，趕了、急了、慌了，心不在工作上，老想著其他的事，或是太累了，卻還勉強要把工作趕出來。我建議工作中的人，心裡要很平實地知道自己在做什麼，不要胡思亂想，要心無

二用。

❀ 置心一處，無事不辦

佛經裡有一句話說：「置心一處，無事不辦。」「置心一處」就是讓心安定，心安定的時候，做任何事情都可以做得很好。所以，希望大家在精神上有所安頓，並感受到工作是愉快、值得的。工作的成就感，不一定來自金錢或是名利，而是來自於自我完成的功德。這種精神就像是過去的革命家，胸懷著革命的種子，為了崇高的目標，心悅誠服、心甘情願地投入改革建設，無怨無悔。

❀ 利他的工作目標

工作的確需要有目標，但這個目標應該不僅止於財富和名利、權勢，而是屬於精神上的利

他信念，這可以幫助我們在工作中身心安穩，保有安全。

選自《工作好修行》

禪一下

做事應該要從近處著手、遠處著眼，
光是有遠大的志向和願望，
而沒有腳踏實地去做，
那永遠都是一種虛幻的狂想或妄想，
縱然心懷大志，
仍然是個無能的人。

不要隨意
換跑道

在當下的一步尚未走好之前,千萬不要邁出第二步,此可稱為步步為營。營就是能攻能守,進退自如,攻能百戰百勝,守能固若金湯。如果只是站著不動,或者還沒站穩就動,都是不妥的。

❋ 將現在延伸

有人說「活在現在,佛在現在」,正是此意。「現在」可長可短,短如一個念頭、一個動作、一小時、半天、一天、一個時段、一生一世等都是。精進修行的人,應當「剋期取證」,

「期」即是指定一個時間的規畫，在此特定的期間，要完成一個預設的目標。在當下的此刻，要站得穩穩的，守得牢牢的，再把這一刻的心境，繼續延長為一個時段，在此時段內，全力以赴地完成既定目標，千萬不可半途而廢。這就是將現在延伸，而達成實證的目的。

❀ 一門深入，堅持到底

一般的修行人，常會三心二意，例如今天念佛，明天持咒，後天拜懺等，這樣的修行必修不好。應當先把方向掌握認定後，一門深入，堅持到底。這個原則，也可用於成事及做人，當依各人本身之資質，選定方向，奮力前進，即能完成一項大事業，至少也能盡力走完自己該走的路。否則就像賽跑時經常變換跑道，終其一生，便可能一事無成，卻還認為空有滿腔熱血，竟然

落得英雄無用武之地，而怨天尤人。

——
選自《聖嚴法師教禪坐》

禪
一
下

禪修的基本原則，
是從當下一念著力用功。
當下即是現在，
而所謂「當下一念」，
是現在用方法的這個念頭。

人生如何不再
三心二意？

　　人生在世，並不只是為了滿足官能的享受，內心成就感的享受，也是人們追求的目標。例如，在文藝創作的過程中，會帶來內心的快樂；或是讀書讀得非常開心，忽然心有所體悟，也讓人感到很快樂；又或者本來不會的技藝，突然之間學會了，而且還博得他人的欣賞、讚歎時，都會讓人覺得很高興、很有成就感。但是這種快樂也很有限，短暫的快樂消失之後，馬上又會感到不滿足，而且一旦滿足到了驕傲的地步，痛苦就會隨之而來。

✿ 不知為誰辛苦為誰忙

所謂「人外有人，天外有天」，境界是永遠追求不完的，當自己的成就到達某一層次以後，還是要繼續不斷地往上爬。但人的生命畢竟有其終點，到最後根本不可能再突破時，只好對自己喊停，此時會有一種失落感。因為自己的生命即將結束了，卻不知道該何去何從，不禁懷疑自己一直向前衝究竟是為了什麼？此時如果沒有宗教信仰的引導，難免會茫茫然，感歎著說：「真不知為誰辛苦為誰忙！」

其實，追求成就感的滿足和快樂並沒有什麼不好，因為它是促使一個人在生命過程中，一直不斷往上、往前進步的動力。一般人如果沒有成就感做為生命的動力，就會覺得活著沒有意思。但矛盾的是，千辛萬苦地追求成就，卻發現所追求的目標並不是真正的快樂。

這是因為普通人的心不斷地在動，不是心猿意馬，就是三心二意、心不由己，總是無法掌控自己。在這種情形下，連自己也不知道這究竟是樂？還是苦？但這種不明苦樂的焦灼本身就是苦。因此，一般人在感到無聊時，往往需要找其他人談話、聊天，或者是看小說、看報紙、聽音樂，找些娛樂來消遣自己、消磨時光，讓自己的注意力有所寄託，否則就不知道該把心放在哪裡？

❀ 寄於一念心上

修習禪定能讓我們的心念集中、統一，而得到失卻身體負擔的定樂，能夠免除享受欲樂所帶來的後遺症。在定中的人心無所寄，如果一定要說有所寄的話，也是寄於「一念心」上。因為寄於一念心上，所以心能夠安定下來，內心世界

非常穩定，根本不需要再向外求取寄託，就不會
再受外在環境所動搖了。

———

選自《真正的快樂》

禪一下

一旦決定了方向以後，
就不要再朝三暮四、三心二意。
雖然人生的道路
有種種的阻礙、困難，
但只要我們的方向不變，
再怎麼艱難的路，
不管是大路還是小路，
終究會走出一條自己的路。

18

CHAPTER

如何珍惜
當下的時間？

　　修行的目的固然重要，過程更重要。禪的修行，如果觀念不正確，就會把目的當作追求的對象。事實上，正確的觀念是以禪修的過程為目標，才是最妥貼的。

❀ 重視過程

　　最近加州正在舉行世界盃足球賽，有的時候，一場球賽踢下來，雙方都沒有踢進一球。但是，踢得非常精彩、非常激烈。踢球的目的，當然是進球。但是，不是輕易就能踢進球門的；要看球員的體能、技術、訓練程度、戰略戰術的運

用、臨場指揮以及球員之間的應變與默契，還得加上運氣，這都是進球的因素。光是把球踢進門，是毫無意義的，而是要在經過了激烈的爭奪和拚搏後，才能把球踢進去，前面的這個過程，才是最重要的事。

近代中國有位不懂打球的將軍韓復榘，有一天看到學生們在打球，覺得這麼多人搶一個球，他們太可憐了，乾脆每一個人都發一個球，好讓學生們玩個夠。結果，當學生們每人都有了一個球時，球賽的熱鬧場面也無法繼續下去了。

所以，我們要重視過程，不要重視目的；要重視因的培育，不要光重視果在哪裡。

❋ 及時努力

為了重視修行的過程，就得珍惜現在當下的時間、及時用心、及時使用修行的方法；珍惜

生命的每一分、每一秒，心與方法合一，心與身體合一。

✤ 不做白日夢

許多人，對過去不是後悔就是驕傲。對未來也是做著白日夢，真正能夠把全部的生命投注在「現在」的不多。我們在一生之中，實在沒有多少時間，許多人都把時間浪費掉了，這是非常可悲、可惜的事。

對過去的檢討，不是驕傲也不是後悔，而是慚愧心和懺悔心。就是，做得不夠，要慚愧；做錯了，要懺悔。對未來的計畫，要有方向感，那就是發願，不是做夢，是承先啟後、腳踏實地往前走。

如果只是流連過去、憧憬未來，而現在不能及時努力，這是不切實際的。

禪一下

以真心說實話，
應做什麼事，能做什麼事，
就做什麼事，
這才是正確的禪的精神。
禪的精神絕不是虛無縹緲、
不切實際的幻覺與幻境。

當機立斷
止息煩惱

在混亂、緊張匆忙的時代裡，人的情緒時時刻刻都在浮動，所以懂得如何控制情緒是非常重要的。最簡單的方法，就是在我們的日常生活裡，不要總是將焦點放在情緒的爆發點上，可以利用散散步、喝一杯水、聽一首柔和的音樂，或是找朋友談談，讓情緒慢慢緩和。

❀ 情緒起伏的原因

更進一步的方法，是觀察自己的念頭從哪裡來？也就是看念頭是怎麼產生的？不過，念頭從何而起，常常連自己也不知道。既然不知道究

竟是什麼原因造成的情緒，那麼根本就不需要管它，因為不必為了沒有發生過的事生氣。即使是發生過的事，也都已經過去了，那又何必生氣呢？動情緒不但沒用，反而會使自己亂了方寸；如果再加上出言不遜，或動作粗暴，那我們身上的細胞不知道會死掉多少，真是既傷身又傷心。

知道引起情緒起伏的原因，觀察情緒的生滅，以及了解情緒對健康的影響，這才是一種非常有智慧的處理方式。這種智慧，就是明白情緒生滅的來龍去脈；知道了以後，該怎麼處理，就怎麼處理，問題通通交代清楚以後，自己反而沒有事，既然沒有事，情緒就會安定下來。

另外，更深一層的方法，是根本不管它的來龍去脈，不管它的源頭是什麼？起因是什麼？爆發點是什麼？而是往下去看，看自己的念頭是好念頭嗎？是智慧的念頭，還是煩惱的念頭？如

果是煩惱的念頭，老是自己跟自己過不去，那就太沒智慧了。人之所以為人所愛、所敬，就是因為有智慧，會有人想做愚者嗎？只要是情緒都是不好的，所以我們面對情緒，只看念頭而不管它的好壞，或是怎麼生起的，當下就停止念頭。

✼ 別把自己放在地獄

所以，佛教稱起煩惱時為熱惱，惱就是煩惱，熱就是火熱。雖然在現實中，我們不在地獄，但其實痛苦的程度和身在火熱地獄沒有兩樣。把自己放在地獄裡，是多麼愚蠢的事啊！在這個時候，就要馬上當機立斷，讓煩惱的念頭一起時，就馬上止息。

但是要做到這個層次相當不容易，所以還是要從第二個層次，也就是從看著念頭起、看著念頭滅的工夫做起。等到工夫純熟之後，才能再

進一步到達一發現念頭起，馬上就不見的地步。能到達這個層次的人，我們稱他為賢者，但賢者並不是沒有煩惱，只是已經不會再被煩惱傷害，也不會再傷害其他的人，這是自我成長過程中非常重要的一個階段。

———
選自《放下的幸福》

禪一下

心平氣和地解決問題才是根本，
火上加油必定徒勞無功。
應以冷靜的智慧來處理事情；
若自己的智慧不足，就暫時放下，
但內心不起瞋惱，靜待因緣。

20

回到零缺點的方法

　　當自己為煩惱而痛苦，首先應該知道煩惱的由來是因為我們自己的內心「毒癮」發作了，而這些「毒癮」是從什麼時候開始有的呢？是從無始以來，老早就有的；中了這麼久的毒，想要一下子改掉，是很不容易的事。即使僅僅是吸食安非他命、海洛因、鴉片、大麻等毒品所染上的毒癮要戒除都相當難，更何況是從無始以來就有的習性，但是只要有心，還是有人戒成功了。

🌸 馬上回歸到零

　　昨天有一位信眾來和我見面，他本來喜歡

吃肉，後來把吃肉的習慣戒掉了。如今他又問我：「還要戒什麼？」

我說：「因為習性的關係，你要戒的東西太多了，我現在也沒辦法開單子告訴你要戒什麼，你來參加我們的禪修營，參加之後就會知道要戒的東西有多少！」

我們要常常將干擾、困惑等的煩惱問題歸於零。如果能夠常常有「這不是我應該有的」、「這不是我應該接受的」、「這樣的念頭我是不應該起的」、「這樣的念頭我不應該被它所動搖」，只要不應該有的念頭一生起，就是馬上回歸到零。

❀ 回到方法

每次一有不好的念頭產生，你能有「喔！我知道了。」的工夫，歸零之後，可能第二個念

頭馬上又起來，還是可以再歸零，如此不斷歸零，這就是禪修方法：「有雜念、妄念起來，沒有關係，只要回到方法。」

———

選自《動靜皆自在》

<table>
<tr><td>禪一下</td><td>唯有珍惜生命，
才會腳踏實地，才會努力，
否則會懶惰、放逸，得過且過，
在無聊的狀態下，悠悠忽忽，
白白地空過了一生；
而當生命結束的時候，
還不知道人生是怎麼一回事。</td></tr>
</table>

如何專心工作
而不緊張？

　　禪的智慧，要能用在日常的生活中，而不是光在打坐的時候才用到禪的。

　　如何在日常生活中練習和經驗禪的智慧呢？那就是當我們做每一件工作之時，都要專心。例如：在煮菜時專心煮菜、吃飯時專心吃飯、開車時專心開車、睡覺時專心睡覺。既要專心工作，且要放鬆身心，如果在緊張的心情下去做任何事，就與修行相違背。

❀ 心情緊張的原因

　　為什麼會造成緊張的心情呢？不外三個原

因：一是擔心做不好，二是擔心做不完，三是希望能做得更好。

在做任何工作時，只要能認真，很清楚地知道自己在做什麼，很用心，很專心，而又很輕鬆地把它做完，一定能做得很好，同時也不會覺得太累，便是禪修者的生活方式。

❋ 做事不自私

如何是開悟以後的日常生活？有位黃檗禪師曾說：「即使整天吃飯，沒有咬到一粒米；即使整天走路，沒有踩到一塊土。」他的意思是說，吃飯、走路等，每一件日常生活中的事都照常在做，但不是為了自私的「我」在做，所以「我」也未做任何事。

其實，開悟後所獲得的東西，便是放下一切，包容一切，能夠放下是智慧，能夠包容是慈悲。

禪一下

> 遇到任何問題，
> 逃避是沒有用的，
> 難過只會讓情況更加雪上加霜，
> 這個時候，只有
> 面對它、接受它、處理它、放下它，
> 這就是「面對現實，當下看破」。

22

CHAPTER

飢來吃飯
睏來眠

　　有人問大珠慧海禪師是怎麼用功的，他答道：「飢來吃飯睏來眠。」對方說：「大家都是這樣的啊！那他們都跟你一樣用功嗎？」大珠禪師說：「不同。他吃飯時不肯吃飯，百種需索；睡時不肯睡，千般計較。」

　　這句禪語的本意是說，該怎麼就怎麼，一切平常；此外，嘴巴吃飯時心也在吃飯，身體睡覺時心也在睡覺，這才合乎健康，也是智者的心理情況。普通人則不然，吃飯時不是講話、讀報、看電視，就是胡思亂想；上床時思緒紛飛、

情緒起伏，入睡後迴腸百轉、亂夢連床。

❀ 心無二用

禪師或智者心無二用且心無所用。心無二用是很清楚自己正在做什麼、正在講什麼、正處在什麼狀況──這是自知之明。知道當下正在發生什麼事，不會把現在的自己和過去的、未來的自己混淆起來。所謂過去的自己，是回憶過去的生活和經驗；未來的自己，是想像揣摩尚未發生的情況。這都不是智者應有的生活態度。智者、禪者只生活在現在，現在的每一秒鐘才是最寶貴的。把握現在、運用現在、落實在現在，是最充實的人生；否則不但把時間浪費掉了，也為自己帶來不必要的困擾。

已經過去的事情，驕傲沒有必要，悔恨沒有用處。知道錯誤馬上改進，比什麼都重要。如

果停留在驕傲或悔恨的心境，就把現在放棄了。反之，計畫未來是對的，但憂慮是不對的；訂定目標是對的，而等待是不對的。

我常說，理想不是夢想。理想可以說是心願，要腳踏實地一步步向目標努力；至於何時完成心願，那就看努力如何，不是等它發生或憂慮未來，否則就把現在荒廢了。

因此，當下你在吃飯，就不要忽略吃飯；當下你在睡覺，就不要做不是睡覺的事。有人說：「百鳥在樹，不如一鳥在手。」照顧好手上的這隻鳥才合乎實際，樹上的鳥會不會來，那再說吧！空想是沒有用的。這個比喻說明了現實的重要性。智者不會有不切實際的空想、夢想、幻想，也不會將以往的成敗掛在心上。

——
選自《公案一〇〇》

23

CHAPTER

做事如何
不身心分離？

　　初心禪修者因為不懂如何一面放鬆身心而一面又努力不懈的要領，所以放鬆身心時易成妄想懶惰乃至於昏沉瞌睡，精進用功時易成身心緊張乃至於疲累不堪。

❀ 細水長流

　　真正會禪修工夫的人，隨時保持輕鬆的身心，也經常處於勇猛精進的狀況，不緩不急而細水長流。

　　禪修者應該要時時練習著將身、口、意三結合，同一個時間，同一個地方，身與心，當在

做同一樣的事；打坐時打坐，吃飯時吃飯，工作時工作，見客時見客，說話時說話，睡覺時睡覺。不要身心分離，魂不守舍，弄得打坐時想著見客，見客時想著打坐。

❀ 全力投入

有些人，認為自己很聰明，能在同一時間，做好多樣事情。禪修者不主張如此，而是要我們在做任何一項事，乃至任何一個動作時，都當全身全心全生命地全力投入。

———
選自《禪鑰》

禪 一 下	正確的禪法所講的自由自在， 是指心裡有信心、有準備、有勇氣、 有本事迎接任何現實的困難， 故對各個層面的社會大眾都是有用的。

24
CHAPTER

如何知道
心散不散亂？

　　禪修時，練心的方法可以分為三個層次。第一個層次是把散亂的心念集中起來；第二個層次，則是從集中心進展到統一心的階段；最後一個層次，是連這個統一心都放下，達到無心的境界。到了最後這個階段，已經放下了自我，並且證得智慧。

　　然而，光是透過禪坐來修心是不夠的，日常生活中的一言一行更是重要。身體的行為、話語以及念頭，組成了佛教徒所謂的「三業」（身、口、意），如果在這三方面能符合戒律，那麼就是在守戒了。相反的行為則會破壞戒律——也就

是佛教的道德教誨，這樣一來，修心便不會成功，智慧也無法顯現。

❀ 什麼念頭都不要想

散亂心是很容易觀察到的，在這種狀況下，念頭會隨意來去。想要了解我所說的，可以做一下實驗：伸出你的食指，然後看著它大約一分鐘，只要看、放輕鬆地看，什麼念頭都不要想。

你能看著手指，不想事情嗎？如果不行，那麼你的心便是散亂的。如果帶著散漫的心做事，就沒有辦法完全發揮你的能力。如你所見，即使要把心集中，也不是一件容易的事！

❀ 以隨息與數息集中心

要如何把散亂的心念集中起來，達到統一心，最後達到無心的境界呢？那就要用禪的方

法。

　　隨息與數息這兩種方法，是佛陀在《安般守意經》裡所提倡的，現在仍然常常用來當作集中心念的方法。在隨息的方法裡，把注意力放在鼻尖，不要試著用任何方式來引導呼吸，也不要管你的呼吸是長還是短，是深還是淺，只要能被動地知道每一次呼吸，氣息是從你鼻孔進入即可。

　　當你的心已經平靜下來，就可以開始數息。每呼一次氣，就數一個數目，從一數到十，然後再從一開始數，你的注意力不應該放在呼吸上，而是放在數目上。不要試著去壓抑你的妄念，如果這樣做，一開始的時候，看起來好像成功了，但隨著時間過去，你會開始覺得不安，反而會出現更多的妄想雜念。不要去管那些雜念，它們就會自己慢慢消退，讓心完全放鬆，當你發現自己

的心又開始神遊了，只要再繼續數息即可。如果你能不刻意去追求舒適愉悅或是排斥不舒服的感覺，便自然能集中注意力。

修行禪法的人，也應該在日常生活中維持這樣的態度，遇到困難如果產生煩擾，只會難上加難，只要維持平和與不對抗的態度，所有的壓力與緊張都會自然消失。

如果你的心非常散亂，可以讓數息的方法變得更複雜一些，像是倒數，或是只數奇數或偶數。如果數不到十，那也沒關係，不要覺得失望。如果數錯了，也不要覺得後悔或是焦慮。因為一旦緊張又焦慮，不管怎麼做，這個方法看起來都會很艱難，你便無法好好善用它。

不管你犯了幾次錯誤，只要保持愉悅與放鬆的態度，回頭再從一開始數就行了，這時候你應該要覺得高興，因為你覺照到自己剛剛犯了一

個錯誤！

——
選自《禪門第一課》

禪一下

如果心太散亂，不要難過懊惱，
輕鬆地回到方法就好，
如果根本提不起正念，
你就暫時注意妄念，
究竟在想些什麼，
而不要隨著妄念去想。

一樣的工作，
不一樣的心

　　我有一個弟子在出家之前是個會計，當我們要她做「禪中心」的會計時，她抱怨說：「師父，我出家是為了認真修行，但現在又在算錢了。」我告訴她：「這是很不一樣的。從前你是為自己和家人算錢，現在你是為僧團算錢。因為其中沒有自我利益，所以你在做這件事時沒有得失利害之心，這是真正的修行。而你現在的心態也很不一樣。在修習佛法之前，你的心是混亂的，在工作時漂蕩來漂蕩去，而現在在工作中能調整、修練你的心。你是在把自己的能力貢獻給僧團。如果這不是修行，又是什麼呢？」

❀ 工作時，心在哪裡？

你們也是如此。在遭逢佛法之前，你們沒有修行，日常生活裡充滿了情緒和妄念。在遇到佛法、學習默照之後，你們回去之後就不一樣了。不管你們做什麼，工作就變成你們的修行。不管你們在哪裡，都能規範、調整、修練自己的心。一方面，你們在修行；另一方面，在與他人互動時，能維持一顆穩定的心。不管你們在哪裡，那都會成為你們的修行。

當我們吃飯時，應該只是吃飯；睡覺時，應該只是睡覺；打坐時，應該只是打坐；工作時，應該只是工作。然而，說是一回事，做又是另一回事。所以我問你們，當你們在做這些事時，心在哪裡？讓我們看看這該如何應用到工作上。修習「默照」意味著把身心都投入手邊的工作。這也意味著運用適合這個工作的最佳方法。

如果你一心一意、盡心盡力做這件工作，就能以很穩定、放鬆的心來完成。

❀ 只集中於現在

在面對工作時要有計畫，考量到過去與未來，一旦開始工作，就只集中於現在。應該用平穩心、平常心來做事，不要感覺愛憎、好壞或糾纏於思慮。完成工作時，反省需不需要什麼改變，工作是不是做得好，未來要如何做得更好。這就是如何在工作中修習默照，不管做什麼，原則都是一樣的。從事任何活動時，沒有生起煩惱、執著、分別，默就現前。清清楚楚了解自己的行動，專注地把它完成，照就現前。

——
選自《無法之法》

做事如何不會
三分鐘熱度？

　　專心做一件事情，融入其中，就是「無我」。「無我」可以有幾種解釋法：一是不要執著於自己是什麼樣的人；二是不要執著於自己只能、只會什麼；然後是多為他人設想，不要太為自己設想。例如，寫文章時，不要只想表現自己，要站在讀者的立場。

　　還有，凡事不要以功利主義的角度來思考，要反省自己做事不是為了什麼，寫書不是為了要出版多少本、拿到多少版稅，這就是「無為」。如果以這種心態來做事，就能夠揮灑自在。另外，經常要把自我抽空，意思就是，在任何狀況

下都不要自我設限，也就是無限，無限就是空。

❀ 專注的熱情

　　蔡志忠為什麼能夠成功、為什麼作品風靡
這麼多人？就在於他的專注以及準備工夫。畫只
是他的技術，思想、內涵則必須花很長的時間去
學習、思考、消化以後，才能用畫呈現出來。所
以，本來不容易看得懂的，經過他的說明，加上
他的漫畫，就愈來愈懂了。所以，漫畫是他的天
才，思想則是他的工夫。

　　就我的觀察，蔡志忠最重要的特質是他的
學習動力。凡是他想要知道的事，他就會一直學
習直到尋找到答案為止，做任何事情都非常專
注，他就是有這樣的熱情。也許我們也可以重新
檢視一下，為什麼我們從事或學習很多事物老是
半途而廢，或者不如自己原來的預期，也許在觀

念和方法上都可以重新思考。

✿ 一切都是因緣所成

佛之所以成為佛，因為他發現一個原理——「因緣」，任何事都是因緣所成就的。現象有好有壞，任何現象的生和滅，都是由因緣所產生的，它本身並沒有代表任何意思。因緣互動產生的有無，只是一個過程，例如一盆花，就是因為有人把許多花放在一起，於是成為一盆花。一朵花本身也沒有美或不美，看得順眼就覺得美，不順眼就覺得不美。順眼或不順眼的這個我，也是因緣所生。事實上「我」是不存在的，只是因緣聚合而成，再加上時空的種種現象，就有了「我」，所以「我」的痛苦是可以不存在的。

一旦你知道這是因緣所成，就會有無限的希望，無論是好是壞都是有希望的，那就太快樂

了。所以佛是覺悟者也是解脫者。解脫者是最快樂的，因為這種解脫的快樂是無上的，其他的快樂都是短暫的。

——
選自《不一樣的文化藝術》

禪一下 | 既然諸行無常，
我們就不可能遇見完全相同的事物，
也不可能回頭走上完全相同的路。
只要我們自身時時腳踏實地，
全力以赴就好。

27

CHAPTER

如何專心
做好本分事？

當我們面臨生命的轉折時，不妨轉換自己的想法，只要有一口呼吸，人生的路還是無限寬廣。

✾ 生命踏實的人

其實，從小到大都一帆風順、平步青雲的人不多，多數人都從波折中走過來，經過不同階段的人生歷程後，才能走到某一個看起來像制高點的位置，此時也才有機會重新審視人生。一般人人生沒有目標，除了生活就是生活，除了工作就是工作，忙就是為了忙。這是因為他們很空

虛，除了工作之外，不知道生命還可以放在哪裡，也不知該如何思考，除了工作就是睡覺或玩樂，心裡總是很空虛。生命該如何才有踏實感？生命踏實的人在忙碌時不會緊張，在空閒時不會空虛，在危急時不會恐慌，在榮譽加身時不會欣喜若狂，因為他們視一切外在的東西，都是因緣和合而成，與自己不一定有直接關聯，自己的生命是獨立、自主的，每往前走一步，就是自在的一步，走得慢是一步，走得快也是一步，一步一步地走，生命是踏實的。但是現在多數人都在茫茫然的賺錢、工作、玩樂，當死亡來臨時，還不了解活在世界上的意義，這樣活了一生很可惜。如何在生命歷程中培養智慧很重要，有智慧的人不但不會受到環境影響，甚至還能影響環境。

　　人一向處在非常平順的狀況下，可以說很幸福，但突然遇到高溫一定會受不了，例如，有

些人突然發生意外，或家破人亡、人財兩失，這是不容易面對和承受的。一旦遇到時，人還是要面對事實；如果不面對而選擇逃避，將會活得很痛苦，甚至走上自殺一途。如果不想逃避，就應該抱著接受考驗、承擔責任的心態面對，必能淬鍊出生命的智慧。

✿ 做好分內的責任

何謂做好分內的責任？每一個人在世界上都有許多身分，不同階段有不同身分，在同一個時段中也可能兼任不同身分，如果能將每一種身分都扮演好，任何一個角色都恰如其分、不失職，這樣便是成功的。在這個世界上，即使是天才也要加上後天努力與學習，才能扮演好自己的角色。

一個人並非吃飯、睡覺、工作、結婚、生

孩子等就是扮演好自己的角色，應該是讓自己快樂、讓別人也快樂，讓自己幸福、讓別人也幸福，讓自己健康、讓別人也健康，讓每一個人都覺得你是他們需要的人，到任何一個場合都能給別人安全感，與你同行最愉快、最不緊張、最能學到東西，如此，才算將自己的角色扮演好。並非僅是閉門造車地做好自己的事情而已，應該要能夠與大眾分享你的成就與一切，這樣才是真正做好自己，達到利己、利人的境界。

——
選自《不一樣的生活主張》

> 禪一下
>
> 禪的精神就是
> 時時刻刻腳踏實地，
> 時時刻刻全力以赴，
> 對任何事都是全生命的投入，
> 真誠而懇切地投入任何一場考試。

如何把握當下，
自我安頓？

　　時間是生命中很重要的元素之一，可是許多人卻往往把時間浪費在過去或未來上，而沒有把握當下。

　　對於過去，不是悔恨，就是沉溺留戀；對於未來，不是憂慮，就是有許多幻想；而對於現在，則輕易讓它溜走。因此，在修行的過程與觀念上，都是強調「把握當下」。

　　因為，過去的已經過去了，再怎麼回想，也無法改變；而未來的根本還沒來，想再多也沒有用，唯有當下才是我們應該珍惜與努力的。

❀ 充實每一個「現在」

只要每一個「現在」都好好充實、不虛度，自然就不會有機會為過去悔恨，因為所有的過去，都是由現在所造成的；也不再需要為未來擔憂，因為未來的好與壞，也是由現在所種下的因而結的果。

唯有踏實照顧好當前的每一刻才是最實在的，否則，可能過去、現在、未來三者都會落空。人生苦短，生命中的每一刻都很珍貴，如果輕易浪費，豈不是很對不起自己？也對不起社會？只要能做到「活在當下」，佛也就存在當下。

❀ 當下的心有無限希望

所謂的「佛」，並不是在西方極樂世界，或未來如何修行才能成佛，只要活在當下，不思

前、不思後，當下的心就會包容著過去與未來，
在這一念當中，等於繼承了過去的無量功德，並
包含了對未來的無限希望，這是禪修的基本態
度。但這並非意味著不必在乎過去或未來，還是
可以對過去適度回憶，對未來也應該有計畫，重
點在於不能沉溺於過去，或活在虛幻的未來中。

——
選自《不一樣的生活主張》

禪
一
下

不要執著名的大小、功德多少，
只要當下盡心盡力去做，
影響力就會產生，
精神就會長存。

專心才能
活用時間

有一僧問趙州從諗禪師:「十二時中如何用心?」趙州說:「汝被十二時辰轉,老僧使得十二時辰。」

在中國古代,十二時辰指的是一日一夜;從午夜子時開始到亥時為止,把一天刻畫成十二個時辰,每一時辰相當於現代的兩小時。通常,人在清醒時,都無法掌控自己的心念,在睡夢中,則更加不用說了。

因此有僧問趙州禪師:「像你這樣的得道高僧,想必在十二時中沒有一刻不在用心,這是

怎麼辦到的呢？」這位僧人想要知道的，是如何持續不斷地、整日整夜地不起妄想雜念，而能一心專注地修行。

❁ 根本不用費心

　　一般人除了睡夢中固然不能專心修行，在清醒時又何嘗能夠專心一意地不起雜念妄想？例如吃飯時心不一定在吃飯，走路時心不一定在走路，甚至談話看書時也可能會想到其他的念頭。心口不能一致，身心不能一致，往往不能把自己的心念連續不斷地專注在同一樁事情上，禪宗稱這種現象為雜用心；心猿意馬、妄想紛飛，則稱為散亂心。反之，心能集中在一個點上或一件事情上，叫作專心、一心。由心無二用，再進一步到達無心可用，是禪師的真正用心。

　　因此，趙州不回答僧人如何持久用功，卻

反過來告訴他：「你是被十二個時辰的雜念妄想所困擾了，而我則是在十二個時辰之中，心不雜亂，甚至根本不用費心，而只有十二個時辰被我用了。」

❀ 馬上用心最可靠

這則公案的重點是在指出十二時中的每一個當下及當前，最最可貴。不要去想十二個時辰怎麼用心，於每一個現在，馬上用心最可靠！如果老是想到十二個時辰，就把「現在」放棄了。

真正會運用時間的人，是分秒不漏的，要用每一極短的現在，來充實自己、淨化自己、成熟自己，協助他人、包容他人，隨時、隨地、隨緣、隨境，都是努力學習、奉獻他人的著力點。他不會耽於思忖：「在這之前是成功或失敗？在這之後是荊棘遍地還是處處芳草？」否則就等於

放棄了現在，而攀緣於過去和未來，這便叫作「被十二個時辰轉」了。

——

選自《公案一〇〇》

禪一下

以自己的現在一念，
觀察自己的前念及後念，
明確地知道自己的心向心念的活動
「是什麼，在做什麼」，
目的是訓練自己的心，
不要被環境的刺激所困擾及動搖，
這種工夫稱為心不隨境轉。

30
CHAPTER

如何馬上
處理危機？

　　假如現在大家都很口渴，沒有水喝，你們第一個念頭是：「我去拿水！」主動地為大家服務？或者是：「自然有人會去拿。如果有，我就喝；沒有，也沒關係。」等著其他人來替自己服務？通常多數人是後面這樣的心態，第一個念頭是「我去拿」的，應該是少數人。

　　心中動的第一個念頭很重要，我希望諸位要養成第一個念頭就是「我去」、「我來為大家服務」的習慣。

　　任何事情，需要人做的時候，我去；可是需要人做、而不該你去時，也要去嗎？譬如到伊

拉克去打仗，你去嗎？所以，事情還是要先考慮該不該做。

❀ 是我的責任

常有人誤會謙虛是「我不行」、「我不及人」，因此覺得「謙虛」跟「我去（承擔）」兩相矛盾，因為既然不如人，應該是比我能幹、聰明的人去。其實，「謙虛」是尊重人、尊敬人，好事情讓人家去，辛苦的事情自己來；有名、論功的事讓人家去，吃力的事我來。責任，我們願意負起來；功，我們沒有想要爭。

假如我們這個團體犯了一項錯誤，該誰負責呢？多半的人大概是想：「這是壞名譽的事，我還是趕快離開。」但這樣撇清並不好，對我來講，雖然我根本不知道是誰的錯，但無論如何是發生在我們僧團裡，那一定是我教導無方、考慮

不周到、計畫不周延、照顧得不夠，如果人家問起，我一定會說：「是我的責任！」

❀ 有問題要馬上處理

　　對你們來說，看是哪一部門犯的過失，就由哪一部門的執事來承擔。如果那個部門的執事很糟糕，躲起來不解決問題，還是要有人出來承擔，要「面對它、接受它、處理它」，逃避問題，問題只會愈來愈嚴重、狀況只會愈來愈糟糕。所謂承擔，是面對問題、面對事實來處理問題，並不是不管有沒有，就一昧承認，我們要用智慧去處理它，讓事情清清楚楚、明明白白。

　　還有，在團體裡，無論發生了什麼事，一定要馬上處理，否則會愈來愈麻煩。譬如你受傷、發炎了，可是你都不擦藥消炎，發炎的狀況就會愈來愈嚴重，最後，甚至需要截肢。所以，

當我們一發現有問題時，一定要馬上處理，但處理必須要有方法，事情承擔下來之後，要先了解實際的狀況，再視狀況去解決，這就是危機的處理。

——

選自《法鼓家風》

禪一下

面對現實，必須學取經驗；
接受現實，必須盡職負責；
處理現實，必須盡心盡力；
放下現實，乃是事過之後，
不論解決或未解決，
均宜如鳥行空，不留痕跡。

活在現在，
佛在現在

✾ 佛是由人完成的

　　佛在佛國淨土，也在我們心中。佛是具足
智慧與慈悲的人，如果我們念念活在現在，念念
都與佛的智慧及慈悲相應，佛就念念與我們在一
起。如果念念之中自心有佛，我們的自心也就是
佛，所以佛是由人完成的。當下的一念心中有
佛，當下的一念即與佛同，念念心中如果都有
佛，念念之間也都是佛。如你念念活在當下的智
慧與慈悲之中，當下的現在，你就能夠見佛成
佛。

　　當然，凡夫不可能每一念都跟清淨的智慧

與慈悲相應，所以要常常提醒自己：練習著念念活在現在，把握住每一個念頭的當下。便可體會到佛是無時不在、佛是無處不在的事實了。

❀ 領會佛在心中

這樣的觀念和這樣的方法，可以幫助我們祛除自身的煩惱，雖你還是處身於塵世，卻也能體驗到超越塵世的自在。當你心中充滿了貪、瞋、癡等心垢之時，即是身處塵世；當你心中沒有那些心障之時，那就是超越於塵世之外的人了。可見出世並非一定要離開現實的世間，而只要心念不受物欲的誘惑及逆境的刺激，便是解脫。因此，禪宗的《六祖壇經》曾說：「佛法在世間，不離世間覺。」

可是，一般的人往往因為不能把握現在，也不能念念活在當下，便無法領會到佛在心中。

其實只要不是沉溺在過去和未來，就是認真地活在現在；若能不將過去及未來的人、事、物等種種境界，執為實有，便能活在現在而體會到佛在現在。

❀ 時時刻刻努力於現在

因此，學佛的人要時時提醒自己：活在現在，不要老是活在過去的回憶中，也不要老是活在未來的夢想中。

沉緬於過去和迷惑於未來，都是徒然浪費掉寶貴的生命，於人於己，都是損失。但這並不表示對於工作和生活，不需要檢討和計畫。檢討過去，計畫未來，便是對現在的肯定，也是現在的延伸。

最好的方法，乃是時時刻刻都能努力於現在，體驗著現在；展開現在，放下現在；念念清

楚，事事分明。這就是活在現在，佛在現在的境
界。

———
選自《聖嚴法師教禪坐》

| 禪一下 | 及時努力、及時心安，
以「一步一腳印，一印一個坑」
的態度提醒自己人生短暫，
必須步步踏實，
生命才有價值。 |

吃粥、洗缽就能
馬上開悟？

　　僧對趙州從諗禪師說：「弟子迷惘，請師
父指示我。」趙州問：「吃粥了沒有？」僧答：
「吃了。」趙州說：「洗缽去。」僧悟。

　　此乃著名的「趙州的粥」。趙州接引弟子
的方法五花八門，這是其中之一。這位僧人想要
開悟，不得其法，遂請趙州指示。教人開悟是最
大的學問，也是最大的難題。

　　當時應是上午，大約是過堂吃早餐的時間，
也可能該位僧人本來不住在趙州的寺院，臨時來
掛單。趙州問了一句稀鬆平常的話，而且對應當

前正在進行的生活片段：「你吃粥了沒有？」僧人答：「吃了。」趙州說：「那你洗缽去吧！」僧人一聽就開悟了。

✿ 悟境不離事實與現實

是否吃粥、洗缽就能開悟？不是！關鍵在於趙州針對僧人的祈求答非所問，這是最高明的回答。應該吃粥時就吃粥，吃完粥應該洗缽就洗缽；生活的事實和現實不過如此，而悟境不離事實與現實。很多人認為開悟深不可測、玄不可知、妙不可言，其實日常生活一舉一動無一不是真實世界的顯露。只要對當前、當下的生活踏踏實實、認認真真、清清楚楚、明明白白，不扭曲、不妄想、不執著、不分別，當下就是悟，就是佛的心的體驗。

趙州講的話平實無奇，對僧人而言卻如當

頭棒喝。他原本認為深奧的、奇特的、玄妙的道理才能通往悟境，不意經趙州簡言一句，悟境現前、煩惱頓消。

✾ 現在最重要

禪並不限於出家人在寺院裡用，一般人也應體會「現在最重要」。「現在」不可能有得失的，得失是過去的事，是未來的事，絕不是現在的事。當下即是，一定沒有煩惱。如果努力於當下，對現在就不會計較，對過去、未來就不會有扭曲的想法、說法和作法，周圍的人於你都是如此可愛，他們對你亦有同感，這不就是解脫自在？

——

選自《公案一〇〇》

33
CHAPTER

如何與當下合一？

　　禪修時，很重要的一點，是讓每一個念頭只在當下這一刻。如果你與當下合而為一，你就停止了念頭的生滅，因為沒有念頭的生滅，你便體驗不到時間的存在，也就是說，時間變成了一個又一個的當下。你必須要自己去發現究竟什麼是「與當下合一」。

❀ 一念萬年

　　當你讓每一念都只在當下，便沒有時間的連續性，沒有什麼東西從這一刻殘留到下一刻。每一件事情都是接連不斷的新發生，就像噴泉不

126｜127

斷湧出、噴入空中。如此修行時，每一個當下都是一個新生。這時我們沒有持續不停的妄念，而是無止盡地重新創造，一種無止盡的相續，沒有分離的片刻。古時候有位僧璨大師說「一念萬年」，但在這千萬年裡，其實是沒有念頭的，只有不斷的「新」。

這就是為什麼對初學者來說，學習超越念頭是如此重要的原因，所以，今天請大家直接專注在當下。不需要去想它，只要進入當下，就像跳水者離開跳板縱身一躍，沒有考量或顧慮。當跳水者往下跳時，他放下一切，只剩下那一段長墜，沒有了時間。每一次你坐在蒲團上，就是跳入當下這一刻，不要多想，那麼你將會發現，每一個當下的確都是一個新生。

❀ 掌握猴子心

禪修要專注在把心統一的方法上。我們經由禪修，發現我們自己是整體的存在。漸漸地，當我們能掌握住心理的變化過程，便能帶來平靜和統一，也就能掌握自己，控制自己那猴子般的心念了。這種統一是一種持續地新的體驗。發現它，便是發現了自由、放鬆、清明的源頭，以「自我」而言，這是一種圓滿的自我。能達到這種狀態，就已經邁出重要的一步了。我們多數人的身心都是散亂的，與自我和他人爭論不休。

讓我們嘗試把身和心統一起來，讓你自己變成「一」，維持在體驗身心不分離的狀態中，之後內外也會統一。全心全意投入方法中，沒有懷疑和保留。

———

選自《如月印空》

可同時做
很多事嗎？

　　開國元勳胡漢民的傳記中記載，他是大忙人，有一次朋友拜訪他，胡漢民一面接待訪客，一面起草寫稿子，還用一隻腳在推著搖籃哄小孩。胡漢民「一心三用」且有條不紊，訪客看了非常驚訝，問胡漢民怎麼做到的？胡漢民說：「好好做就可以了。」

✿ 忙卻心不亂

　　每個人一天都是二十四小時，要吃飯、睡覺，做很多事。通常我們都認為一個人一個時間只能做一樣事，不可能同時做好幾件事，事實

上，只要好好練習，善加規畫時間，可以同時做很多事。

就以我個人來說，如果有好幾件事要同時處理時，我會把「自我中心、自我立場、自我價值觀」全部擺下，積極面對，就能做得快且不會出錯。我常面對厚厚一疊公文，每件公文都親自看，且要當下判斷簽批，在那同時又得開會，開會時還有電話要接。同時應付這麼多事，怎麼辦呢？

我的作法是，開會時，只對會議最後決議做判斷，會議過程一面看公文、一面聽聽大家的意見，甚至可以接聽電話，忙卻心不亂，決策也不會出差錯。

✻ 我不在裡頭

禪宗有一個公案，老禪師被弟子問起：「師

父，如果千千萬萬種景象同時在您面前出現，要如何處理？」老禪師說：「黑的不是白的、紅的不是藍的，是什麼就是什麼，我不在裡頭。」

老禪師的意思就是，我既不黑，也非白、紅、藍，它們是什麼就是什麼，不必受其困擾，保持自我的清明；不論眼前訊息多混亂，心中都是保持原有樣貌，就會很容易處理問題。當然，要達到這種境界，是需要訓練的。平常就要訓練處理自我情緒，淡化自我。看淡自己後，做任何事情，就不會瞻前顧後、思前想後、難捨難取，一切的優先順序變得很清楚，也就不會混亂了。

相反地，如果不能看淡自我，同一時間處理許多樣事情時，往往許多人事會混雜在一起，就像電腦的亂碼一般，理不出頭緒，事倍功半。許多政治家、企業家、宗教家都是因心定而不亂，做起事來事半功倍，而邁向成功之路。

把「自我中心、自我立場、自我價值觀」全部擺下，積極面對，就能做得快且不會出錯。

———

選自《方外看紅塵》

禪一下

隨時隨地面對現實、處理現狀，
而不恐懼、不逃避，
看到什麼就是什麼、
該怎麼做就怎麼做，
盡心盡力處理之後，
又能夠不在乎結果，
就能保持心情的平靜，
不再受苦了。

35

CHAPTER

如何在工作中
鍊心？

禪宗在唐代六祖惠能大師之前，大致上都
是用打坐的方式來修定，但是惠能大師提出不一
定要打坐才能修定。

我們從惠能大師的傳記中可以得知，在還
沒有出家、還沒有見五祖弘忍大師之前，他是一
個樵夫，每天都非常單純地在打柴；後來見了弘
忍大師，被安排了舂米的工作，也一樣非常單純
地在舂米。舂米不是用手，而是用腳踩。運用槓
桿原理，一腳站在地上，另一腳踩在舂米的板子
上，腳不斷重複地踩下、抬起。因為惠能大師的
身體不是很強壯，而舂米需要很大的力氣，所以

他用一塊石頭綁在腰上，讓身體變得比較重一點，這樣踩下去時，便不需要很用力了。

✿ 隨時與環境統一

他就這樣每天很單純地做同樣的工作。工作的時候，也是在動中鍊心、修定。這種定是心平靜、安定、統一，並且隨時與環境統一，而非一定要坐著打坐。而在他獲得傳法、逃到南方時，跟著獵人一起生活，當獵人打獵的時候，他也是很單純地幫忙獵人看網，看了十多年，這真是不簡單。

到了百丈懷海禪師的時候，他主張「一日不作，一日不食」，每天都要工作，甚至在他八十多歲時還繼續工作。弟子們不忍心，於是把他的工具藏起來，希望他能休息，結果那一整天他就不吃飯了。百丈每天都在工作，所以他的修行就

是工作，工作就是修行，在動中修定，即是心平靜、安定，不受環境的影響而波動。能夠隨時隨地面對環境而心不受影響，即是「境上鍊心」，與傳統的四禪八定不一樣。

❋ 工作就是工作

記得在一九七九年到一九八〇年間，我在美國紐約皇后區買了一間很破的房子，我們一邊整修，一邊找出空間來，讓十幾個人一起打禪七。其中有一位美國男孩，他是一個木匠，在參加了七天的禪修之後，發心留下來幫忙做門窗、地板等木工。才剛剛打完禪七的第二天，他就開始做木工，因為室內沒有足夠的空間，所以必須在馬路邊工作。

這時我發現一個狀況：雖然他的手正在工作，但是只要年輕漂亮的女孩經過時，他一定目

迎目送，一直到看不見了為止。我看見幾次這種情形，甚至有幾回他一邊看一邊敲打，結果一打就打在手上。可是當另外一個女孩經過的時候，他還是又盯著看。

我跟他說：「你才剛剛打完禪七，要記得工作就是工作啊！」他回答：「對。」然後繼續工作。但是到了下午，有漂亮的女孩經過時，他還是忍不住地看。

所以，動中修定是需要常常練習的，如果有了靜態的禪修基礎以後，在動的狀況下就可以用得上。因此，禪修也需要在禪堂打坐。

——

選自《聖嚴法師教話頭禪》

不住於過去、未來、現在

✿ 普通人住於過去和未來

一般人總是常常想著過去、想著未來，能夠想到「現在」的已經不錯了。我們通常會記掛著過去的對錯毀譽，以及幻想著未來的期許：下一次的好運，是不是輪得到我？如果只想到過去、未來，「現在」又如何做得好呢？

成功的人不能沉醉在過去，也不可幻想著未來，唯有努力於現在，才是最可靠的。

✿ 大修行人住於現在的活動

學佛修行的人不要老是擔心：「我如果犯

了戒，就要下地獄了！」也不要老是渴望：「阿彌陀佛！你什麼時候拿金台、銀台來接引我？什麼時候才會來呢？我死的時候你來不來？」這樣空想是沒有用的，現在趕快精進念佛才是最要緊的。

這就好像有人看到一顆蘋果快要熟了，他便站在樹下想：「這顆蘋果是我的。」於是，就站在樹下張著嘴巴等，他老是在等，而不去摘蘋果，結果蘋果尚未掉下來之前，可能就來了幾隻鳥把蘋果吃掉了。這就像是只幻想著美好的未來，卻不把握現在及時動作，這是沒有用的。

我們常常就像是那位在樹下等蘋果吃的人，以為等著、等著一定能等到。等待是不會有結果的，只有努力才會有成果，有時候可能努力了都不一定能夠得到，但是，還是一定要努力，才會有機會；如果努力過後仍得不到，也可以問心無

愧了。以摘蘋果的例子來說，也許當你還沒爬上樹去，它就被鳥吃了，或掉下來跌壞在地上了。但是，在爬樹的時候不能擔心：「反正蘋果一定會被鳥吃去，算了！我不爬樹了。」而是要重視現在的努力，大修行的人、成功的人都是這樣，不會老是怨天尤人，不會因為別人的得意失敗，而在一旁空歡喜、徒悲哀。

❀ 解脫者不住於過去、未來、現在

《金剛經》說：「過去心不可得，現在心不可得，未來心不可得。」就是解脫者已經心無所住，不住於現在，也不住於過去、未來的一切相，這叫作「無相」、「無我」，也叫作「解脫」，就是一個有大智慧的人了。

我們大家都還是凡夫，雖然還做不到，但知道有這麼一個境界，希望有一天能夠做到這個

程度，所以要修行。至少要能做到「住於現在的活動」，不要停留在第一種「住於過去和未來」的狀況。

———

選自《福慧自在》

禪一下

唯有自我追求內心的平安，
比向外追求安全更可靠。
若能時刻安住於現在的時間與空間，
我們的心就更容易安定踏實。

如何腳踏實地做生涯規畫？

　　有許多修行者其實不清楚、也不承認自己有許多妄想和欲望，反而認為這是自己的抱負、自己的悲願宏志，因為欲望和悲願難以分辨。

✿ 盡力而為

　　有人問我：「法師，您的生涯規畫是什麼？」我說：「我的生涯規畫，是做一日和尚撞一日鐘。」他又說：「這種生活多無聊啊！每天都在撞鐘。」我反問他：「每天都要吃飯、上廁所，也會無聊嗎？」人生的過程要踏踏實實地走，在什麼位置就做什麼事。因此，我只要將和

尚的角色扮演好，凡是和尚能做的、應做的，和尚能說的、應說的，和尚能想的、應想的，都盡力而為，這就是我的生涯規畫。若是我的所做、所說、所想，都不是和尚應該說的、做的、想的，那就違背了我的生涯規畫。

也有人問我：「師父，您希望法鼓山變成什麼樣子？」我說這一切都是因緣，因緣好，法鼓山會辦得非常好；若是因緣不成熟，我無法預知會變得如何，我只是隨著因緣，走往自己的方向。

✿ 腳踏實地做好現在能做的

世間事是無常的，能掌握的只有現在，所以需要不斷地以初發心把握現在，腳踏實地做好現在能做的。對於未來可以計畫，但計畫要考量現實狀況，若是不切實際或當下沒有因緣實現，

便不去想它，如此就能少煩、少惱、少痛苦，這即是懂得運用佛法。否則，總是在幻想、妄想、欲望之中生存，痛苦不已，卻自以為是大悲願無法實現，而抑鬱終生，這不是真正的佛法。

佛法是讓我們明瞭一切都在因緣之中，但不表示等於束手待斃，因為因緣包含主觀和客觀兩種條件，無論主、客觀條件都是可以改變的，只是改變的幅度有大有小。

———

選自《聖嚴法師教話頭禪》

| 禪一下 | 禪修者，不要管過去、未來，以及所有一切的好壞，最好只管你自己的現在。簡單地說，就是「生活在現在」、「開始在現在」、「佛就在現在」。 |

38

CHAPTER

每一個當下
都是新的開始

每一念都是一個當下，而每一個當下都是一個新生。如果每一念都維持在這個當下，時間就不會流逝；如果每一個當下都是一個新的開始，時間就會是流動的。如果每一念都是一個當下，那還會有「時間」這樣的東西嗎？同樣地，如果有時間的存在，那還會有「當下」這樣的東西嗎？然而，如果沒有時間，也就沒有當下。

❋ 當下就是最好地方

對一個未接受過禪修訓練的人而言，要一直處在當下是不可能的，也因此他不可能會知道

時間是不存在的。但是，只要你陷入過去和未來的念頭裡，當下就是你存在的最好地方。

對於初學禪修的人而言，時間是存在的，過去與未來是存在的，而在過去與未來之間，有著我們不斷企圖捕捉的當下。而由於這種嘗試，每一個當下都成為新的開始。既然心是變動的，我們便持續不斷地重新開始。每一個當下都是新的開始，就不會有意味著時間延續性的失敗、不高興或失望。

在愉快的當下，我們會覺得很享受，但是只要那個愉快的當下一直存在，就沒有所謂的愉快或悲傷。對於每一個新的開始，任何事情在本質上並無好壞，只是一件接著一件來而已。

❊ 每一樣都是新的

當你在廚房工作，不小心切到了自己的手，

產生了新的傷口；買了新衣服之後，就有了新的外貌；刷了牙之後，即使嘴巴是舊有的，但牙齒卻是新刷好的。每一天我都會找到一根新的白頭髮，這就是新的東西——一顆滿是白髮的頭顱正逐漸顯現。如果我們一直記得，每一個當下是一個新的開始、一次新生，那就沒有什麼需要高興或是悲傷的事情了，只不過顯示了新的經驗累積而已。

在我小的時候，正逢中日戰爭，整個國家和我居住的村莊都非常窮困。在那個年代，有著每逢過年就要穿新衣和新鞋的習俗，但是那一年，我們既沒有新衣，也沒有新鞋，於是我對母親說：「今年每一樣東西都是舊的。」母親說：「不是的，其實每一樣都是新的，衣服是新洗好的、褲子也是新補的、鞋子也重新修好，而且洗乾淨了。」這讓我聽了很高興。

禪修的任何時候，都要處在當下，而每一個當下都是一個新生。

選自《如月印空》

| 禪一下 | 現在的每一個念頭，
都是新鮮而有趣味的，
都是新的開始，
沒有需要後悔的事，
沒有值得自負的事。 |

39
CHAPTER

如何把心看住？

　　禪就是要我們不受種種外境的誘惑，認定自己的興趣、專長，專心一意地努力，不要學這學那的，宜把興趣的範圍縮小。禪首先教我們把心看住，心看住了，就不會受外境的誘惑。所謂「做一天和尚撞一天鐘」，出家人把鐘撞好就夠了，在座諸位各人也有各人的鐘可撞。我們要安分守己，認定自己要學的東西、要做的工作，努力發揮，不要三心二意，朝秦暮楚。

　　人的時間有限，一個人的才能有限，不要把時間浪費在無謂的試驗上，認識自己最要緊，要安於自己所走的路。可是人是很愚癡的，沒有

失敗之前，不甘心，非要試一試，今天學這，明天學那，結果一事無成。

我們要珍惜時間，警覺時間的可貴，好好支配時間，把每一秒都做最有效的運用。只要我們從內心減少欲望，減少攀緣心，就不難做到。

❀ 以專注力提昇工作效率

如果不能繫心於一念，東想西想，時間過得特別快，事實上，時間浪費更多。時間的長短是主觀的，不是客觀的，比如說良宵苦短，而在苦難之中，則度日如年，這是主觀的。

但從佛法或禪的修行，開始注意我們心念的活動，了解念頭怎麼在活動，究竟在想些什麼？如果你發覺無事可想，則念頭漸漸減少；如果你對所想的事興趣濃，則念頭漸漸多而亂，這樣就把時間浪費掉了，把生命浪費掉了。

我常勸人，攝心專注於所做的事上，如此可節省時間，提早完成你所做的工作，而且比你胡思亂想時做得更好，這是一定的道理。禪的鍛鍊，就是在日常生活中，學習集中注意力。不論聽什麼，就是聽，清清楚楚地聽下去；不論做什麼，就是做，清清楚楚地做下去。這樣絕對比胡思亂想時做得更好，工作效率更高，時間也就經濟多了。

❀ 善於支配時間

我常勸沒有時間玩的人學打坐、參禪，這樣就有更多的時間去玩了。為什麼？工作時間減少，而工作效率反而更好，這就是善於支配時間。但支配時間以後，在打坐過程中，如果念頭停留在同一個念頭上，則沒有時間存在的感覺。我常測驗打坐的學生，經過打坐一個小時以後，

我叫他們參禪，過了十分鐘，我問他們：「你們感覺到剛才有多少時間？」心很亂的人可能說十五分鐘，為什麼？因為他想了很多事，腿也有點痛，身體也不大自在；心比較專注，坐得情況較好的人說五分鐘；有的說一分鐘；有的說好像才剛剛坐下去嘛。時間的感受不一樣，所謂「山中方七日，世上已千年」，這是心理上感受的時間。

❀ 活得更長壽

以人的壽命來講，每一個人都應該活到八百歲，但世上的人頂多活到一百歲。為什麼？因為勞神傷腦，身體發生問題。如果心理沒有問題，經常保持輕鬆愉快，身體不會有病，即使有病也會好。因此對於時間不夠，覺得時間太短的人，禪的方法可使他的時間拉長，可以活的時間

長，可以利用、支配的時間長，直到最後，時間的感覺消失。

———

選自《禪的生活》

| 禪一下 | 人的一生之中，想做、當做的，
若沒有馬上做，
機會一失去便沒有了，後悔莫及，
所以，你現在能做的馬上做，
現在能有修行的時間，
要馬上精進修行。 |

注意你腳下

在修行的過程中，許多人只把目標放在未來，沒有腳踏實地從現在做起。

❀ 腳踏實地走出第一步

這其中包括幾種情況：第一種，光看到過去的人修行修得非常好，自己很羨慕，也希望見賢思齊，可是他沒有想到該立刻用功，腳踏實地走出第一步；這是一種不切實際的夢想，也可說老是在做夢。

第二種，老是要求其他的修行人或周圍的人好好修行，如果別人不修行、做得不好、說錯

了，自己會很難過；把別人的懈怠當成自己的過失，總希望他們好好學。也可以說他自有標準和尺寸，如果他人不合他的要求，則加以批評、指責。但他沒有想到自己是否做到了，也許自己只做到幾分，卻要求別人做到滿分。寬以待己，嚴以待人，這叫「腳跟不踮地」。

第三種，經常根據經典、語錄、古人行誼等計畫修行，設想有一天自己修行時當如何如何，可是從未想過什麼時候付諸實踐；年輕時貪玩，中年時事業重要放不下，晚年時體力不好，結果一直到死，計畫仍是空的。

❀ 不要眼高手低

第四種是「眼高手低，目空一切」，把標準訂得很高，要嘛不修行，一旦修行就要做得很徹底，而且要有大成就，常常高談闊論自己要怎

麼做、會怎麼做，可是都僅止於口頭的工夫。

❀ 腳跟尚未著地

第五種是「得少為足」，工夫並不踏實，只得到一點小經驗就認為自己已大悟徹底，到處告訴別人他已是修行成功的人，一廂情願想當別人的老師，甚至在明眼人之前還吹牛吹個不停。

因此，真正有工夫的人會告訴他：「注意你腳下，你的腳跟尚未著地哦！」也就是說他輕舉妄動，實際的工夫不夠。

這句話對一般人也很有用。即使不修行禪法，也應該把當下的這一步站穩了，步步踏實往前走。若能如此，在人生的過程中，雖然沒有功成名就，對自己而言，還是覺得心安理得，非常平實。

禪一下

如果，
能感受到自己時時都是在開始，
就不會有時間去妄想，或者是昏沉。
因為，人如果離開了現在的立足點，
即使活著，已沒有立場，
也是一個沒有自主能力的人。

法鼓山禪修資訊

法鼓山禪修中心簡介：

禪修中心為法鼓山推廣漢傳禪法的主要單位，宗旨在於推廣禪法，以達到淨化人心、淨化社會的目的，將各類禪修課程推廣至海內外各地。除將禪修活動系統化、層次化，並研發各式適合現代人的禪修課程，讓更多人藉由禪修，來達到放鬆身心、提昇人品的目的。

除定期舉辦精進禪修活動，包括初階、中階，及話頭、默照等禪修，開辦禪修指引課程、初級禪訓密集課程、推廣立姿與坐姿動禪、「Fun 鬆一日禪」，並培養動禪講師等，期能擴

大與社會大眾分享禪悅法喜。

想要開始學習禪修者，可以先參加法鼓山各地分院與精舍所舉辦的「禪修指引」或「初級禪訓班」，然後再參加為期一天、兩天或三天的「禪一」、「禪二」、「禪三」活動。如果希望能穩定長期學習禪法，可以參加「禪坐共修」。在具有禪修基礎後，再進階參加為期七天的禪七活動。

如果想要了解更多的法鼓山禪修訊息，可以電話詢問法鼓山禪修中心，或上網查詢，網頁提供完整的最新禪修活動。初學禪修者可挑選離家近的法鼓山分院或精舍，就近參加禪修課程。

禪修中心推廣部門 —— 傳燈院

地　　址：新北市三峽區介壽路二段 138 巷 168 號
電　　話：（02）8676-2518 轉 2108 ～ 2112
　　　　　（請於週一至週五上午九點至下午五點三十分來電）
網　　址：http://chan.ddm.org.tw
部落格：http://blog.yam.com/chanfaq
臉　　書：https://www.facebook.com/DDMCHAN

禪修 FOLLOW ME ②

當下禪——上班族40則活在當下指引

Chan for Being Present:
40 being present techniques for office workers

著者	聖嚴法師
選編	法鼓文化編輯部
出版	法鼓文化
總監	釋果賢
總編輯	陳重光
編輯	張晴
美術設計	化外設計有限公司
封面繪圖	江長芳
內頁美編	小工
地址	臺北市北投區公館路186號5樓
電話	(02)2893-4646
傳真	(02)2896-0731
網址	http://www.ddc.com.tw
E-mail	market@ddc.com.tw
讀者服務專線	(02)2896-1600
初版一刷	2013年4月
初版八刷	2023年8月
建議售價	新臺幣150元
郵撥帳號	50013371
戶名	財團法人法鼓山文教基金會—法鼓文化
北美經銷處	紐約東初禪寺
	Chan Meditation Center (New York, USA)
	Tel: (718)592-6593 E-mail: chancenter@gmail.com

ᛗᚷ法鼓文化

國家圖書館出版品預行編目資料

當下禪:上班族40則活在當下指引 / 聖嚴法師著;
　法鼓文化編輯部選編.-- 初版.-- 臺北市:
　法鼓文化, 2013. 04
　　面; 公分
　ISBN 978-957-598-610-0 (平裝)

1.佛教修持 2.職場成功法

225.87　　　　　　　　　　　　　102003543